# 事业单位工作人员处分规定

含简明问答

中国法制出版社

# 目　录

**事业单位工作人员处分规定** …………… 1

　第一章　总　　则 …………… 1

　第二章　处分的种类和适用 ……… 3

　第三章　违规违纪违法行为及其适
　　　　　用的处分 ………………… 11

　第四章　处分的权限和程序 ……… 22

　第五章　复核和申诉 ……………… 29

　第六章　附　　则 ………………… 33

**简明问答** ……………………………… 36

# 事业单位工作人员处分规定[①]

## 第一章 总　　则

**第一条** 为严明事业单位纪律规矩，规范事业单位工作人员行为，保证事业单位及其工作人员依法履职，根据《中华人民共和国公职人员政务处分法》和《事业单位人事管理条例》，制定本

---

[①] 中共中央组织部、人力资源社会保障部关于印发《事业单位工作人员处分规定》的通知（人社部发〔2023〕58号　2023年11月6日）。

规定。

第二条  事业单位工作人员违规违纪违法，应当承担纪律责任的，依照本规定给予处分。

任免机关、事业单位对事业单位中从事管理的人员给予处分，适用《中华人民共和国公职人员政务处分法》第二章、第三章规定。处分的程序、申诉等适用本规定。

第三条  给予事业单位工作人员处分，应当坚持党管干部、党管人才原则；坚持公正、公平；坚持惩治与教育相结合。

给予事业单位工作人员处分，应当与其违规违纪违法行为的性质、情节、危害程度相适应。

给予事业单位工作人员处分,应当事实清楚、证据确凿、定性准确、处理恰当、程序合法、手续完备。

## 第二章 处分的种类和适用

第四条 事业单位工作人员处分的种类为:

(一)警告;

(二)记过;

(三)降低岗位等级;

(四)开除。

第五条 事业单位工作人员受处分的期间为:

（一）警告，六个月；

（二）记过，十二个月；

（三）降低岗位等级，二十四个月。

处分决定自作出之日起生效，处分期自处分决定生效之日起计算。

**第六条** 事业单位工作人员受到警告处分的，在作出处分决定的当年，参加年度考核，不能确定为优秀档次；受到记过处分的当年，受到降低岗位等级处分的当年及第二年，参加年度考核，只写评语，不确定档次。

事业单位工作人员受到降低岗位等级处分的，自处分决定生效之日起降低一个以上岗位和职员等级聘用，按照事业单位收入分配有关规定确定其工资待遇；对同时在管理和专业技术两类岗位任职的事业单位工作人员发生违规违纪违法行为的，给予降低岗位等级处分时，应当同时降低两类岗位的等级，并根据违规违纪违法的情形与岗位性质的关联度确定降低岗位类别的主次。

事业单位工作人员在受处分期间，不得聘用到高于现聘岗位和职员等级。受到开除处分的，自处分决定生效之日起，终止其与事业单位的人事关系。

**第七条** 事业单位工作人员受到记过以上处分的，在受处分期间不得参加专业技术职称评审或者工勤技能人员职业技能等级认定。

**第八条** 事业单位工作人员同时有

两种以上需要给予处分的行为的,应当分别确定其处分。应当给予的处分种类不同的,执行其中最重的处分;应当给予开除以外多个相同种类处分的,执行该处分,处分期应当按照一个处分期以上、多个处分期之和以下确定,但是最长不得超过四十八个月。

事业单位工作人员在受处分期间受到新的处分的,其处分期为原处分期尚未执行的期限与新处分期限之和,但是最长不得超过四十八个月。

**第九条** 事业单位工作人员二人以上共同违规违纪违法,需要给予处分的,按照各自应当承担的责任,分别给予相应的处分。

**第十条** 有下列情形之一的，应当从重处分：

（一）在处分期内再次故意违规违纪违法，应当受到处分的；

（二）在二人以上的共同违规违纪违法行为中起主要作用的；

（三）隐匿、伪造、销毁证据的；

（四）串供或者阻止他人揭发检举、提供证据材料的；

（五）包庇同案人员的；

（六）胁迫、唆使他人实施违规违纪违法行为的；

（七）拒不上交或者退赔违规违纪违法所得的；

（八）法律、法规、规章规定的其

他从重情节。

**第十一条** 有下列情形之一的,可以从轻或者减轻给予处分:

(一)主动交代本人应当受到处分的违规违纪违法行为的;

(二)配合调查,如实说明本人违规违纪违法事实的;

(三)主动采取措施,有效避免、挽回损失或者消除不良影响的;

(四)检举他人违规违纪违法行为,情况属实的;

(五)在共同违规违纪违法行为中起次要或者辅助作用的;

(六)主动上交或者退赔违规违纪违法所得的;

（七）其他从轻或者减轻情节。

**第十二条** 违规违纪违法行为情节轻微，且具有本规定第十一条的情形之一的，可以对其进行谈话提醒、批评教育、责令检查或者予以诫勉，免予或者不予处分。

事业单位工作人员因不明真相被裹挟或者被胁迫参与违规违纪违法活动，经批评教育后确有悔改表现的，可以减轻、免予或者不予处分。

**第十三条** 事业单位工作人员违规违纪违法取得的财物和用于违规违纪违法的财物，除依法应当由其他机关没收、追缴或者责令退赔的，由处分决定单位没收、追缴或者责令退赔；应当退还原所有人或者原持有人的，依法予以退还；属于国家财产或者不应当退还以及无法退还的，上缴国库。

第十四条　已经退休的事业单位工作人员退休前或者退休后有违规违纪违法行为应当受到处分的，不再作出处分决定，但是可以对其立案调查；依规依纪依法应当给予降低岗位等级以上处分的，应当按照规定相应调整其享受的待遇。

第十五条　事业单位有违规违纪违法行为，应当追究纪律责任的，依规依纪依法对负有责任的领导人员和直接责任人员给予处分。

# 第三章　违规违纪违法行为及其适用的处分

第十六条　有下列行为之一的,给予记过处分;情节较重的,给予降低岗位等级处分;情节严重的,给予开除处分:

(一)散布有损宪法权威、中国共产党领导和国家声誉的言论的;

(二)参加旨在反对宪法、中国共产党领导和国家的集会、游行、示威等活动的;

(三)拒不执行或者变相不执行中国共产党和国家的路线方针政策、重大决策部署的；

（四）参加非法组织、非法活动的；

（五）利用宗教活动破坏民族团结和社会稳定的；挑拨、破坏民族关系，或者参加民族分裂活动的；

（六）在对外交往中损害国家荣誉和利益的；

（七）携带含有依法禁止内容的书刊、音像制品、电子出版物进入境内的；

（八）其他违反政治纪律的行为。

有前款第二项、第四项、第五项行为之一的，对策划者、组织者和骨干分子，给予开除处分。

公开发表反对宪法确立的国家指导

思想，反对中国共产党领导，反对社会主义制度，反对改革开放的文章、演说、宣言、声明等的，给予开除处分。

**第十七条** 有下列行为之一的，给予警告或者记过处分；情节较重的，给予降低岗位等级处分；情节严重的，给予开除处分：

（一）采取不正当手段为本人或者他人谋取岗位；

（二）在事业单位选拔任用、公开招聘、考核、培训、回避、奖励、申诉、职称评审等人事管理工作中有违反组织人事纪律行为的；

（三）其他违反组织人事纪律的行为。

篡改、伪造本人档案资料的，给予记过处分；情节严重的，给予降低岗位等级处分。

违反规定出境或者办理因私出境证件的，给予记过处分；情节严重的，给予降低岗位等级处分。

违反规定取得外国国籍或者获取境外永久居留资格、长期居留许可的，给予降低岗位等级以上处分。

**第十八条** 有下列行为之一的，给予警告或者记过处分；情节较重的，给予降低岗位等级处分；情节严重的，给予开除处分：

（一）在执行国家重要任务、应对公共突发事件中，不服从指挥、调遣或者消极对抗的；

（二）破坏正常工作秩序，给国家或者公共利益造成损失的；

（三）违章指挥、违规操作，致使人民生命财产遭受损失的；

（四）发生重大事故、灾害、事件，擅离职守或者不按规定报告、不采取措施处置或者处置不力的；

（五）在项目评估评审、产品认证、设备检测检验等工作中徇私舞弊，或者违反规定造成不良影响的；

（六）泄露国家秘密，或者泄露因工作掌握的内幕信息、个人隐私，造成不良后果的；

（七）其他违反工作纪律失职渎职

的行为。

第十九条 有下列行为之一的,给予警告或者记过处分;情节较重的,给予降低岗位等级处分;情节严重的,给予开除处分:

(一)贪污、索贿、受贿、行贿、介绍贿赂、挪用公款的;

(二)利用工作之便为本人或者他人谋取不正当利益的;

(三)在公务活动或者工作中接受礼品、礼金、各种有价证券、支付凭证的;

(四)利用知悉或者掌握的内幕信息谋取利益的;

(五)用公款旅游或者变相用公款

旅游的；

（六）违反国家规定，从事、参与营利性活动或者兼任职务领取报酬的；

（七）其他违反廉洁从业纪律的行为。

第二十条 有下列行为之一的，给予警告或者记过处分；情节较重的，给予降低岗位等级处分；情节严重的，给予开除处分：

（一）违反国家财政收入上缴有关规定的；

（二）违反规定使用、骗取财政资金或者违反规定使用、骗取、隐匿、转移、侵占、挪用社会保险基金的；

（三）擅自设定收费项目或者擅自

改变收费项目的范围、标准和对象的；

（四）挥霍、浪费国家资财或者造成国有资产流失的；

（五）违反国有资产管理规定，擅自占有、使用、处置国有资产的；

（六）在招标投标和物资采购工作中违反有关规定，造成不良影响或者损失的；

（七）其他违反财经纪律的行为。

第二十一条 有下列行为之一的，给予警告或者记过处分；情节较重的，给予降低岗位等级处分；情节严重的，给予开除处分：

（一）利用专业技术或者技能实施违规违纪违法行为的；

(二)有抄袭、剽窃、侵吞他人学术成果,伪造、篡改数据文献,或者捏造事实等学术不端行为的;

(三)利用职业身份进行利诱、威胁或者误导,损害他人合法权益的;

(四)利用权威、地位或者掌控的资源,压制不同观点,限制学术自由,造成重大损失或者不良影响的;

(五)在申报岗位、项目、荣誉等过程中弄虚作假的;

(六)工作态度恶劣,造成不良社会影响的;

(七)其他严重违反职业道德的行为。

有前款第一项规定行为的,给予记

过以上处分。

**第二十二条** 有下列行为之一的,给予警告或者记过处分;情节较重的,给予降低岗位等级处分;情节严重的,给予开除处分:

(一)违背社会公序良俗,在公共场所有不当行为,造成不良影响的;

(二)制造、传播违法违禁物品及信息的;

(三)参与赌博活动的;

(四)有实施家庭暴力,虐待、遗弃家庭成员,或者拒不承担赡养、抚养、扶养义务等的;

(五)其他严重违反公共秩序、社会公德的行为。

吸食、注射毒品，组织赌博，组织、支持、参与卖淫、嫖娼、色情淫乱活动的，给予降低岗位等级以上处分。

**第二十三条** 事业单位工作人员犯罪，有下列情形之一的，给予开除处分：

（一）因故意犯罪被判处管制、拘役或者有期徒刑以上刑罚（含宣告缓刑）的；

（二）因过失犯罪被判处有期徒刑，刑期超过三年的；

（三）因犯罪被单处或者并处剥夺政治权利的。

因过失犯罪被判处管制、拘役或者三年以下有期徒刑的，一般应当给予开除处分；案件情况特殊，给予降低岗位等级处分更为适当的，可以不予开除，但是应当报请事业单位主管部门批准，并报同级事业单位人事综合管理部门备案。

事业单位工作人员因犯罪被单处罚金，或者犯罪情节轻微，人民检察院依法作出不起诉决定或者人民法院依法免予刑事处罚的，给予降低岗位等级处分；造成不良影响的，给予开除处分。

## 第四章　处分的权限和程序

第二十四条　对事业单位工作人员的处分，按照干部人事管理权限，由事业单位或者事业单位主管部门决定。

开除处分由事业单位主管部门决定，并报同级事业单位人事综合管理部门备案。

对中央和地方直属事业单位工作人员的处分，按照干部人事管理权限，由本单位或者有关部门决定；其中，由本单位作出开除处分决定的，报同级事业单位人事综合管理部门备案。

第二十五条 对事业单位工作人员的处分，按照以下程序办理：

（一）对事业单位工作人员违规违纪违法行为初步调查后，需要进一步查证的，应当按照干部人事管理权限，经事业单位负责人批准或者有关部门同意后立案；

（二）对被调查的事业单位工作人员的违规违纪违法行为作进一步调查，收集、查证有关证据材料，并形成书面调查报告；

（三）将调查认定的事实及拟给予处分的依据告知被调查的事业单位工作人员，听取其陈述和申辩，并对其所提出的事实、理由和证据进行复核，记录在案。被调查的事业单位工作人员提出的事实、理由和证据成立的，应予采信；

（四）按照处分决定权限，作出对该事业单位工作人员给予处分、免予不予处分或者撤销案件的决定；

（五）处分决定单位印发处分决定；

（六）将处分决定以书面形式通知受处分事业单位工作人员本人和有关单位，并在一定范围内宣布；

（七）将处分决定存入受处分事业单位工作人员的档案。

**第二十六条** 事业单位工作人员已经被立案调查，不宜继续履职的，可以按照干部人事管理权限，由事业单位或者有关部门暂停其职责。

被调查的事业单位工作人员在案件立案调查期间，不得解除聘用合同、出境，所在单位不得对其交流、晋升、奖励或者办理退休手续。

**第二十七条** 对事业单位工作人员

案件进行调查，应当由二名以上办案人员进行；接受调查的单位和个人应当如实提供情况。

以暴力、威胁、引诱、欺骗等非法方式收集的证据不得作为定案的根据。

在调查中发现事业单位工作人员受到不实检举、控告或者诬告陷害，造成不良影响的，应当按照规定及时澄清事实，恢复名誉，消除不良影响。

第二十八条　参与事业单位工作人员案件调查、处理的人员应当回避的，执行《事业单位人事管理回避规定》等有关规定。

第二十九条　给予事业单位工作人员处分，应当自批准立案之日起六个月内作出决定；案情复杂或者遇有其他特殊情形的可以延长，但是办案期限最长不得超过十二个月。

第三十条　处分决定应当包括下列内容：

（一）受处分事业单位工作人员的姓名、工作单位、原所聘岗位（所任职务）名称及等级、职员等级等基本情况；

（二）经查证的违规违纪违法事实；

（三）处分的种类、受处分的期间和依据；

（四）不服处分决定的申诉途径和期限；

（五）处分决定单位的名称、印章

和作出决定的日期。

第三十一条　事业单位工作人员受到处分,应当办理岗位、职员等级、工资及其他有关待遇等的变更手续的,由人事部门按照管理权限在作出处分决定后一个月内办理;特殊情况下,经批准可以适当延长办理期限,但是最长不得超过六个月。

第三十二条　事业单位工作人员受开除以外的处分,在受处分期间有悔改表现,并且没有再出现违规违纪违法情形的,处分期满后自动解除处分。

处分解除后,考核及晋升岗位和职员等级、职称、工资待遇按照国家有关规定执行,不再受原处分的影响。但是,受到降低岗位等级处分的,不恢复受处分前的岗位、职员等级、工资待遇;无岗位、职员等级可降而降低薪级工资的,处分解除后,不恢复受处分前的薪级工资。

第三十三条 事业单位工作人员受到开除处分后,事业单位应当及时办理档案和社会保险关系转移手续,具体办法按照有关规定执行。

## 第五章 复核和申诉

第三十四条 受到处分的事业单位工作人员对处分决定不服的,可以自知道或者应当知道该处分决定之日起三十日内向原处分决定单位申请复核。对复核结果不服的，可以自接到复核决定之日起三十日内，按照《事业单位工作人员申诉规定》等有关规定向原处分决定单位的主管部门或者同级事业单位人事综合管理部门提出申诉。

受到处分的中央和地方直属事业单位工作人员的申诉，按照干部人事管理权限，由同级事业单位人事综合管理部门受理。

第三十五条 原处分决定单位应当自接到复核申请后的三十日内作出复核决定。受理申诉的单位应当自受理之日起六十日内作出处理决定；案情复杂的，可以适当延长，但是延长期限最多不超过三十日。

复核、申诉期间不停止处分的执行。

事业单位工作人员不因提出复核、申诉而被加重处分。

第三十六条 有下列情形之一的，受理处分复核、申诉的单位应当撤销处分决定，重新作出决定或者责令原处分决定单位重新作出决定：

（一）处分所依据的事实不清、证据不足的；

（二）违反规定程序，影响案件公正处理的；

（三）超越职权或者滥用职权作出处分决定的。

第三十七条 有下列情形之一的，受理复核、申诉的单位应当变更处分决定或者责令原处分决定单位变更处分决定：

（一）适用法律、法规、规章错误的；

（二）对违规违纪违法行为的情节认定有误的；

（三）处分不当的。

第三十八条 事业单位工作人员的处分决定被变更，需要调整该工作人员的岗位、职员等级或者工资待遇的，应当按照规定予以调整；事业单位工作人员的处分决定被撤销的，需要恢复该工作人员的岗位、职员等级、工资待遇的，按照原岗位、职员等级安排相应的岗位、职员等级，恢复相应的工资待遇，并在原处分决定公布范围内为其恢复名誉。

被撤销处分或者被减轻处分的事业单位工作人员工资待遇受到损失的，应当予以补偿。没收、追缴财物错误的，应当依规依纪依法予以返还、赔偿。

## 第六章　附　　则

第三十九条　对事业单位工作人员处分工作中有滥用职权、玩忽职守、徇私舞弊、收受贿赂等违规违纪违法行为的工作人员，按照有关规定给予处分；

涉嫌犯罪的,依法追究刑事责任。

第四十条　对机关工勤人员给予处分,参照本规定执行。

第四十一条　教育、科研、文化、医疗卫生、体育等部门,可以依据本规定,结合自身工作的实际情况,与中央事业单位人事综合管理部门联合制定具体办法。

第四十二条　本规定实施前,已经结案的案件如果需要复核、申诉,适用当时的规定。尚未结案的案件,如果行为发生时的规定不认为是违规违纪违法的,适用当时的规定;如果行为发生时的规定认定是违规违纪违法的,依照当时的规定处理,但是如果本规定不认为是违规违纪违法的或者根据本规定处理较轻的,适用本规定。

**第四十三条** 本规定所称以上、以下,包括本数。

**第四十四条** 本规定由中共中央组织部、人力资源社会保障部负责解释。

**第四十五条** 本规定自发布之日起施行。

# 简明问答

**1. 事业单位的工作人员是否受监察机关监察?**[①]

《中华人民共和国监察法》第十五条规定,监察机关对下列公职人员和有关人员进行监察:(1)中国共产党机关、人民代表大会及其常务委员会机关、人民政府、监察委员会、人民法

---

① 问答1参见《中华人民共和国监察法》(自2018年3月20日起施行)、《中华人民共和国监察法实施条例》(自2019年9月20日起施行)相关条文。

院、人民检察院、中国人民政治协商会议各级委员会机关、民主党派机关和工商业联合会机关的公务员,以及参照《中华人民共和国公务员法》管理的人员;(2)法律、法规授权或者受国家机关依法委托管理公共事务的组织中从事公务的人员;(3)国有企业管理人员;(4)公办的教育、科研、文化、医疗卫生、体育等单位中从事管理的人员;(5)基层群众性自治组织中从事管理的人员;(6)其他依法履行公职的人员。

《中华人民共和国监察法实施条例》第四十一条规定,监察法第十五条第四项所称公办的教育、科研、文化、医疗卫生、体育等单位中从事管理的人员,是指国家为了社会公益目的,由国家机关举办或者其他组织利用国有资产举办的教育、科研、文化、医疗卫生、体育等事业单位中,从事组织、领导、管理、监督等工作的人员。

**2.《中华人民共和国公职人员政务处分法》所称的公职人员是指哪些?**[①]

根据《中华人民共和国公职人员政务处分法》第二条第三款,本法所称公职人员,是指《中华人民共和国监察

---

① 问答 2 至 6 参见《中华人民共和国公职人员政务处分法》(自 2020 年 7 月 1 日起施行)相关条文。

法》第十五条规定的人员。

## 3. 给予公职人员政务处分应坚持什么原则？

给予公职人员政务处分，坚持党管干部原则，集体讨论决定；坚持法律面前一律平等，以事实为根据，以法律为准绳，给予的政务处分与违法行为的性质、情节、危害程度相当；坚持惩戒与教育相结合，宽严相济。

## 4. 事业单位中从事管理的工作人员在政务处分期内，职务、薪酬方面会受什么影响？

法律、法规授权或者受国家机关依

法委托管理公共事务的组织中从事公务的人员，以及公办的教育、科研、文化、医疗卫生、体育等单位中从事管理的人员，在政务处分期内，不得晋升职务、岗位和职员等级、职称；其中，被记过、记大过、降级、撤职的，不得晋升薪酬待遇等级。被撤职的，降低职务、岗位或者职员等级，同时降低薪酬待遇。

**5. 事业单位中从事管理的工作人员，已经退休，但在退休前或退休后有违法行为的，应当如何处理？**

已经退休的公职人员退休前或者退休后有违法行为的，不再给予政务处分，但是可以对其立案调查；依法应当予以降级、撤职、开除的，应当按照规定相应调整其享受的待遇，对其违法取得的财物和用于违法行为的本人财物依照《中华人民共和国公职人员政务处分法》第二十五条的规定处理。

已经离职或者死亡的公职人员在履职期间有违法行为的，依照上一款规定处理。

## 6. 事业单位中从事管理的工作人员不正确履行职责，造成不良后果的，会受到什么处分？

有下列行为之一，造成不良后果或者影响的，予以警告、记过或者记大过；情节较重的，予以降级或者撤职；情节严重的，予以开除：（1）滥用职权，危害国家利益、社会公共利益或者侵害公民、法人、其他组织合法权益的；（2）不履行或者不正确履行职责，玩忽职守，贻误工作的；（3）工作中有形式主义、官僚主义行为的；（4）工作中有弄虚作假，误导、欺骗行为的；（5）泄露国家秘密、工作秘密，或者泄露因履行职责掌握的商业秘密、个人隐私的。

## 7. 事业单位工作人员有何种情形时，给予奖励？[①]

事业单位工作人员或者集体有下列情形之一的，给予奖励：（1）长期服务基层，爱岗敬业，表现突出的；（2）在执行国家重要任务、应对重大突发事件中表现突出的；（3）在工作中有重大发明创造、技术革新的；（4）在培养人才、传播先进文化中作出突出贡献的；（5）有其他突出贡献的。

---

[①] 问答 7 至 9 参见《事业单位人事管理条例》（自 2014 年 7 月 1 日起施行）相关条文。

**8. 事业单位工作人员有何种行为时，给予处分？**

事业单位工作人员有下列行为之一的，给予处分：（1）损害国家声誉和利益的；（2）失职渎职的；（3）利用工作之便谋取不正当利益的；（4）挥霍、浪费国家资财的；（5）严重违反职业道德、社会公德的；（6）其他严重违反纪律的。

**9. 事业单位工作人员受开除以外的处分，在受处分期间没有再发生违纪行为，处分期满后应如何处理？**

工作人员受开除以外的处分，在受处分期间没有再发生违纪行为的，处分期满后，由处分决定单位解除处分并以书面形式通知本人。

**10. 事业单位工作人员提出复核、申诉、再申诉的，由什么单位或部门管辖？**[①]

事业单位工作人员对人事处理不服申请复核的，由原处理单位管辖。

事业单位工作人员对中央和地方直属事业单位作出的复核决定不服提出的申诉，由同级事业单位人事综合管理部

---

① 问答10至13参见《事业单位工作人员申诉规定》（自2014年7月1日起施行）相关条文。

门管辖。

事业单位工作人员对中央和地方各部门所属事业单位作出的复核决定不服提出的申诉，由主管部门管辖。

事业单位工作人员对主管部门或者其他有关部门作出的复核决定不服提出的申诉，由同级事业单位人事综合管理部门管辖。

事业单位工作人员对乡镇党委和人民政府作出的复核决定不服提出的申诉，由县级事业单位人事综合管理部门管辖。

事业单位工作人员对主管部门作出的申诉处理决定不服提出的再申诉，由同级事业单位人事综合管理部门管辖。

事业单位工作人员对市级、县级事业单位人事综合管理部门作出的申诉处理决定不服提出的再申诉,由上一级事业单位人事综合管理部门管辖。

事业单位工作人员对中央垂直管理部门省级以下机关作出的复核决定不服提出的申诉,由上一级机关管辖;对申诉处理决定不服提出的再申诉,由作出申诉处理决定机关的同级事业单位人事综合管理部门或者上一级机关管辖。

## 11. 什么情况下,事业单位工作人员可以申请复核或者提出申诉、再申诉?

事业单位工作人员对涉及本人的下

列人事处理不服，可以申请复核或者提出申诉、再申诉：（1）处分；（2）清退违规进人；（3）撤销奖励；（4）考核定为基本合格或者不合格；（5）未按国家规定确定或者扣减工资福利待遇；（6）法律、法规、规章规定可以提出申诉的其他人事处理。

## 12. 事业单位工作人员申请复核或者提出申诉、再申诉的时效期间是如何规定的？

申请复核或者提出申诉、再申诉的时效期间为三十日。复核的时效期间自申请人知道或者应当知道人事处理之日起计算；申诉、再申诉的时效期间自申请人收到复核决定、申诉处理决定之日起计算。

因不可抗力或者有其他正当理由,当事人不能在《事业单位工作人员申诉规定》第十二条规定的时效期间内申请复核或者提出申诉、再申诉的,经受理机关批准可以延长期限。

## 13. 复核、申诉、再申诉符合哪些条件时,应予受理?

符合以下条件的复核、申诉、再申诉,应予受理:(1)申请人符合《事业单位工作人员申诉规定》第六条的规定;(2)复核、申诉、再申诉事项属于《事业单位工作人员申诉规定》第十一条规定的受理范围；（3）在规定的期限内提出；（4）属于受理单位管辖范围；（5）材料齐备。

　　凡不符合上述条件之一的，不予受理。申请材料不齐备的，应当一次性告知申请人所需补正的全部材料，申请人按照要求补正全部材料的，应予受理。

## 图书在版编目（CIP）数据

事业单位工作人员处分规定：含简明问答／中国法制出版社编．—北京：中国法制出版社，2023.12
ISBN 978-7-5216-3785-4

Ⅰ.①事… Ⅱ.①中… Ⅲ.①行政事业单位-工作人员-行政处罚法-研究-中国 Ⅳ.①D922.114

中国国家版本馆 CIP 数据核字（2023）第 228280 号

**事业单位工作人员处分规定：含简明问答**
SHIYE DANWEI GONGZUO RENYUAN CHUFEN GUIDING:
HAN JIANMING WENDA

经销／新华书店
印刷／鸿博睿特（天津）印刷科技有限公司
开本／880 毫米×1230 毫米　64 开　　印张／0.875　字数／12 千
版次／2023 年 12 月第 1 版　　　　　　2023 年 12 月第 1 次印刷

中国法制出版社出版
书号 ISBN 978-7-5216-3785-4　　　　　　　　定价：6.00 元

北京市西城区西便门西里甲 16 号西便门办公区
邮政编码：100053　　　　　　　　　传真：010-63141600
网址：http://www.zgfzs.com　　编辑部电话：**010-63141815**
**市场营销部电话：010-63141612**　　印务部电话：**010-63141606**

（如有印装质量问题，请与本社印务部联系。）